Gert Singer

Interpretatorisches zu Hemingways "Alter Mann und das Meer". Inhalt, Charaktere, Deutung

GRIN Verlag

Bibliografische Information der Deutschen Nationalbibliothek:

Die Deutsche Bibliothek verzeichnet diese Publikation in der Deutschen National-
bibliografie; detaillierte bibliografische Daten sind im Internet über http://dnb.d-
nb.de/ abrufbar.

Impressum:

Copyright © 2014 GRIN Verlag GmbH
Druck und Bindung: Books on Demand GmbH, Norderstedt Germany
ISBN: 978-3-656-69695-7

Dieses Buch bei GRIN:

http://www.grin.com/de/e-book/276416/interpretatorisches-zu-hemingways-alter-
mann-und-das-meer-inhalt-charaktere

GRIN - Your knowledge has value

Der GRIN Verlag publiziert seit 1998 wissenschaftliche Arbeiten von Studenten, Hochschullehrern und anderen Akademikern als eBook und gedrucktes Buch. Die Verlagswebsite www.grin.com ist die ideale Plattform zur Veröffentlichung von Hausarbeiten, Abschlussarbeiten, wissenschaftlichen Aufsätzen, Dissertationen und Fachbüchern.

Besuchen Sie uns im Internet:

http://www.grin.com/

http://www.facebook.com/grincom

http://www.twitter.com/grin_com

‚Der alte Mann und das Meer'

von Ernest Hemingway

Inhaltsangabe

Diese Erzählung handelt von einem alten Fischer namens Santiago auf Kuba. Er fischt 84 Tage lange ohne Erfolg. Deshalb darf sein junger Freund Manolin nicht mehr mit ihm aufs Meer hinaus fahren. Manolins Eltern bestimmen, dass ihr Sohn in einem anderen Boot fischen gehen muss. Wenn er Zeit hat, kümmert sich Manolin um Santiago. Er bringt dem alten Mann Frühstück aus der Taverne. Der Wirt lässt anschreiben. Manolin hilft, die zum Fischen notwendigen Gerätschaften zum Boot zu tragen oder zurück zur Hütte des alten Mannes.

Manolin hat alles, was er übers Fischen weiß von Santiago.

Santiago also muss ohne Manolin ausfahren. Er fängt einen Marlin, der zweimal so lang ist wie sein Boot. Der Kampf mit dem riesigen Fisch bringt Santiago an den Rand seiner Kräfte.

Er hat nur eine Flasche Wasser zum Trinken dabei. Eine Makrele, zwei fliegende Fische, etwas Fleisch vom erlegten Marlin, alles roh gegessen, das ist seine Nahrung während der drei Tage und Nächte lang andauernden Ausfahrt. Alles wird roh gegessen.

Vor allem der Kampf gegen die Haie ist erbarmungslos. Dabei verliert Santiago seine Harpune und die Klinge seines langen Messers bricht ab. Am Ende habe die Haie den Marlin bis aufs Skelett abgefressen. Nach drei Tagen und Nächten ist Satiago wieder zurück im Heimathafen. Ohne Fang, der sich verkaufen ließe. Aber das Skelett am Bootsrand wird von den Einwohnern des Fischerdorfes und von Touristen gleichermaßen bewundert. Santiago ist rehabilitiert. Manolin wird wieder mit ihm fischen gehen.

Während des Kampfes gegen den Marlin, den Satiago nach einiger Zeit Freund nennt, zu dem er spricht wie zu einem menschlichen Gegenüber, erinnert sich der alte Mann an frühere Zeiten. Seine Jugend z. B.. Als Jugendlicher segelt er nach Afrika. Dort sieht er Löwen miteinander am weißen Strand spielen. Er erinnert sich an einen Neger. Er und der Neger fingerhakeln gegeneinander eine Nacht lang. Satiago gewinnt. Immer wieder denkt Santiago auch an einen Star. Den Baseballspieler Dimaggio.

Charakteristik Santiagos

Wie schon der Titel der Erzählung besagt, die Hauptfigur, Santiago ist alt. Der Dichter charakterisiert sein Äußeres so: „Der alte Mann war dünn und hager, mit tiefen Falten im Nacken. Auf den Backenknochen hatte er...braune... Flecken (Ernest Hemingway, Der alte Mann und das Meer, Rowohltverlag, Hamburg,1959) von harmlosem Hautkrebs. ... Die Flecken bedeckten ein(en) gut(en) Teil seines Gesichts ... seine Hände zeigten ... tief eingekerbte...Spuren vom Handhaben schwerer Fische an den Leinen. ... Alles an ihm war alt bis auf die Augen, ... die hatten die gleiche Farbe wie das Meer." [1](Hemingway, S. 7 + 8)

Dieses Zitat macht auch klar, der alte Mann ist von Beruf Fischer. Im weiteren Verlauf der Erzählung erfahren wir auch, dass das Fischerdorf, in dem er wohnt auf Kuba liegt.

An der Küste dieser Insel fährt er aufs Meer hinaus, um seinen Beruf auszuüben. Santiago ist arm. Da er 84 Tage lang keine guten Fische fangen konnte, kann er das Wenige, das er an Nahrungsmitteln braucht, nicht bezahlen, er muss in der Taverne anschreiben lassen.

Santiago hat einen Freund. Den junge Manolin. Ihm hat er alles beigebracht, was er vom Fischen weiß. Manolin unterstützt den alten Mann, wann immer er kann. So z. B. bringt er Santiago den Frühstückskaffee aus der Taverne und hilft dem alten Mann die Gerätschaften, die er zum Fischen im Boot haben muss, dorthin zu tragen. Mit Manolin unterhält sich Santiago auch über Baseballspiele. Seit dem Tod seiner Frau ist Santiagos Hauptbezugsperson Manolin.

Santiago wird von den Dorfbewohnern zunächst als Fischer bezeichnet, der kein Glück mehr hat. Nach seinem Kampf gegen den riesigen Marlin ist Santiago wieder hoch angesehen. Dieser Kampf offenbart, was in Santiago steckt. Er hat viel Kraft, ist extrem ausdauernd, zäh. Eine Kämpfernatur.

Er gibt nicht auf, auch als er weiß, dass er den Kampf gegen die Haie, die den Marlin bis aufs Skelett auffressen, nicht gewinnen kann. Der Kampf gegen den Marlin zeigt außerdem, Santiago hat sehr viel Erfahrung, was den Umgang mit großen Fischen angeht. Obwohl er, finanziell bedingt, schlecht ausgerüstet ist, bezwingt er den riesigen Fisch. Und, Santiago ist anspruchslos. Die drei Tage und Nächte über, die der Kampf gegen den Marlin und die Haie andauert, hat er nur eine Flasche Wasser getrunken und ganz wenig rohen Fisch gegessen.

Charakteristik Manolin

Manolin ist Santiagos Freund, Santiago ist Manolins Freund. Manolin, ein Junge, dessen Alter in der Erzählung ‚Alter Mann und das Meer' nicht bestimmt ist, fuhr schon in früher Jugend mit Santiago zum Fischen aufs Meer. Von Santiago lernte er alles, was er übers Fischen weiß. Seit einiger Zeit darf er nicht mehr im Boot seines alten Freundes hinausfahren, denn dieser hat 84 Tage keinen guten Fang mehr gemacht. Manolin gehorcht seinem Vater, obwohl er lieber mit Santiago ausführe. An Land unterstützt Manolin seinen Freund wo immer er kann. Er besorgt ihm morgens Kaffee aus der Taverne, etwas zum Essen, lädt ihn zu einem Bier ein, hilft ihm Fischharken und Harpune ins Boot zu bringen. Manolin fängt zwei Sardinen, die Santiago als Köder verwenden wird. Manolin weint, als er entdeckt, dass sein alter Freund zwar einen ungeheuer großen Marlin gefangen hat, von diesem aber nur noch das Skelett –

Haie haben alles Fleisch abgefressen - an Santiagos Boot hängt. Nach dem großen Kampf gegen den Marlin und die Haie, als Santiago völlig erschöpft in seiner Hütte schläft, sitzt Manolin wieder an dessen Seite. Er hat heißen Kaffe besorgt. Er sitzt neben ihm, bis Santiago aus seiner Erschöpfung aufwacht. Er bekommt das Marlinskelett außer dem Teil des Fischkopfes geschenkt. Manolin wird für den mittellosen Santiago ein sauberes Hemd, ein neues Messer, eine neue Harpune und die Zeitungen der vergangenen Tage besorgen. Letzteres ist wichtig, denn die beiden Freunde unterhalten sich gerne über neue Baseballresultate. Und, Manolin wird nun wieder mit Santiago zusammen fischen.

Die Freundschaft der beiden Hauptpersonen von ,Der alte Mann und das Meer' ist ein Modell. Einmal dafür, dass die ältere Generation ihr Wissen, ihre Erfahrungen an die jüngere Generation weiter geben soll. Dann auch dafür, dass die jüngere Generation die ältere sozial unterstützt, dass Hilfestellung, wenn nötig von den Jungen freiwillig gegeben wird, als Selbstverständlichkeit aufzufassen ist.

Interpretation von Hemingways ,Der alte Mann und das Meer'

Dieter E. Zimmer[20] verwendet in seinem Artikel über Hemingways Werk ,Der alte Mann und das Meer' einmal die Bezeichnung „**Kurzroman**", dann auch noch die, „**parabelhafte Erzählung**", um den 124 Seiten langen Text näher zu charakterisieren. Was die Textsortenmerkmale angeht, so dürfen wir dieses Buch auch ,**lange Kurzgeschichte**' nennen.
Denn: Erzählt wird ein Ausschnitt aus dem Leben einer Person oder weniger Personen und das Ganze hat einen offenen Anfang und einen offenen Schluss. Genau dies sind die Merkmale der Kurzgeschichte. Hier erfahren wir etwas darüber, was der Hauptperson, Santiago, während dreier Tage und Nächte

widerfährt. Das Berichten über Manolin umfasst noch weniger Zeit. Die ‚**Erzählzeit**', 124 Seiten steht gegen die ‚**Erzählte Zeit**' von 87 Tagen, wobei der Bericht über die 84 Tage, in denen Satiago fanglos bleibt, nur wenige Zeilen lang ist. Dies krasse Missverhältnis erklärt sich so: Hemingway beschreibt sehr genau, bis in alle Einzelheiten Santiagos Kampf gegen den Marlin und die Haie. Sprachliche Präzision zeigt sich z. B. in der Verwendung von Fachbegriffen, die der Erzählung Authentizität verleihen. Hier einige Beispiele: rahgetakelt (S. 20)[2], Reede (S.23)[3], Werg (S. 22)[4] , Dolle S. 25)[5], Schot (S. 25)[6], Tauwerk (S. 25)[7] drillen (S.33)[8], Ducht (S. 42)[9] Beting (S.42)[10] ,Vorplicht (S.49)[11], Steven (S. 53)[12], Dünung (S.64)[13], achtern (S. 70)[14], spließen (S. 93)[15], Spiere (S. 95)[16], Gaffel (S. 95)[17], Ruderpinne (S.105)[18], staken (S. 118)[19.] Durch den Einsatz dieser Fachbegriffe, zu denen noch zahlreiche genaue Bezeichnungen von Fischarten kommen wie z. B. Bonito, Dentuso, Galano, Mako etc. und die bis ins kleinste Detail gehenden Beschreibung all dessen, was Santiago in seinem Kampf tut, was er denkt, was er fühlt werden die Leser/innen von ‚Der alte Mann und das Meer' sehr nahe ans Geschehen herangeführt. Wir erleben, was geschieht, so, als säßen wir mit in Santiagos Boot. Unsere Unmittelbarkeit des Miterlebens führt natürlich zu einer Identifikation mit dem Protagonisten. Und der soll uns Vorbild sein. Damit die genaue Berichterstattung den Leser, die Leserin nicht langweilt, wechselt Hemingway seine Erzählweise ständig, jedenfalls was die zwei großen Sinnabschnitte, Kampf mit den Marlin und Kampf gegen die Haie angeht. Monolog steht neben Innerem Monolog und auktorialen Erzählpassagen.

Wenn Zimmer das Ganze eine parbelhafte Erzählung nennt, so bleibt zu benennen, was diese lange Kurzgeschichte an gleichnishaften Zügen aufweist. Ein Gleichnis ist die Tatsache, dass Santiago von dem Marlin, den er am Haken hat, lange Zeit aufs offene Meer hinausgezogen wird. Die Natur in all ihrer Schönheit und Würde soll uns Richtung weisen. Wir sollen uns von ihr verführen lassen. Nicht umsonst redet Santiago mit dem gefangenen Fisch wie mit einem lebendigen Menschen. Er nennt ihn seinen Bruder. Und er bedauert, ihn gefangen zu haben, nachdem die Haie den Marlin teilweise aufgefressen haben.

Die Verbundenheit, welche die Angelleine zwischen Santiago und dem Marlin hergestellt hat darf auch in übertragenem Sinne begriffen werden. Santiago kann von seinem Fang getötet werden, wenn dieser in die Tiefe zieht. Wir können durch das, was wir der Natur antun, uns selbst umbringen. Wir dürfen nicht zu weit gehen mit der Zerstörung unserer natürlichen Umwelt. Santiago ist zu weit hinausgefahren.

Der Kampf Santagos mit dem Marlin, den er schließlich besiegt und gegen die Haie, die schließlich, im Kampf gegen Santiago siegen, trägt gleichnishafte Züge. Insofern nämlich als Santiago nicht aufgibt, solange jedenfalls, bis er keine Waffe zum Kämpfen mehr hat. Wir Menschen sind verpflichtet uns zur Wehr zu setzen, sogut wir können, solange wir können, wenn wir angegriffen werden. Die Haie greifen den Marlin an, der Satiagos Bruder geworden ist. Unser Leben ist ein ständiger Kampf, nur auf anderen Ebenen als der Kampf Santiagos. Auch wir, wie Santiago können zwar vernichtet werden, aber wir dürfen nicht aufgeben uns zu wehren. (vergl. „Aber der Mensch darf nicht aufgeben", sagte er. „Man kann vernichtet werden, aber man darf nicht aufgeben." (S.101)

[20] Die Zeit ,20. April 1979,

oder:

http://www.zeit.de/1979/17/der-alte-mann-und-das-meer

[2] Rah = waagerechte Stange am Mast, an der ein rechteckiges Segel befestigt wird.

Takeln = Segel setzen

[3] Reede = Ankerplatz

[4] minderwertige Fasern zum Abdichten

[5] Halterung zur Befestigung des Ruders

[6] Leine zum Bedienen eines Segels

[7] Bootsseile

[8] einen Fisch an der Angel durch wiederholtes Freigeben und Einholen der Angelschnur ermüden

[9] Bank oder ein Sitzbrett auf einem offenen Ruder- oder Segelboot

[10] kurzer starken Pfosten auf einem Segelschiff auf dem Oberdeck, der bis ins nächste Deck, bisweilen bis in den Kielraum, hinunterreicht

[11] Bootsteil, der niedriger als das Deck eines Bootes liegt.

[12] Holzbalken, Bestandteile des Schiffsrupfgerüsts

[13] Seegang

[14] hinten

[15] wohl: zusammenknoten

[16] Rundholz

[17] am Mast verschiebbares Rundholz

[18] langer Hebel, mit dem ein Boot gesteuert wird

[19] ein Boot durch Abstoßen und weiteres Stemmen mit einer langen Stange gegen den Grund oder das Ufer vorwärtsbewegen